AF316846

FAUCON OU ÉPERVIER

A PROPOS D'UNE RÉCENTE ACQUISITION

DU MUSÉE ÉGYPTIEN DU LOUVRE

PAR

GEORGES BÉNÉDITE

Extrait des *Monuments et Mémoires* publiés par l'Académie des Inscriptions et Belles-Lettres
(Premier fascicule du Tome XVII)

PARIS

ERNEST LEROUX, ÉDITEUR

28, RUE BONAPARTE, 28

1909

SOMMAIRE DU PREMIER FASCICULE

PLANCHES

FAUCON OU ÉPERVIER

A PROPOS D'UNE RÉCENTE ACQUISITION

DU MUSÉE ÉGYPTIEN DU LOUVRE

PAR

GEORGES BÉNÉDITE

Extrait des *Monuments et Mémoires* publiés par l'Académie des Inscriptions et Belles-Lettres
(Premier fascicule du Tome XVII)

PARIS

ERNEST LEROUX, ÉDITEUR

28, RUE BONAPARTE, 28

1909

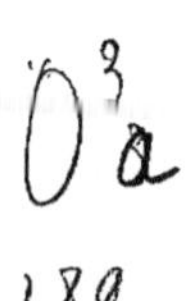

FAUCON OU ÉPERVIER

A PROPOS D'UNE RÉCENTE ACQUISITION

DU MUSÉE ÉGYPTIEN DU LOUVRE

PLANCHE I

Les statues en pierre du dieu-faucon n'abondent pas dans nos
musées d'Europe. C'est une réflexion qui vient naturellement à l'esprit,
quand on passe en revue l'imposante série des monuments de cette
catégorie au musée du Caire. Notre indigence était particulièrement
sensible au Louvre, où le bel Horus en basalte poli, malheureusement
fragmentaire, de l'actuelle salle funéraire (ancienne salle historique)
semblait attendre un digne pendant au lieu de la pièce de remplis-
sage, de style incertain et de technique inférieure, qui lui faisait vis-
à-vis. On juge par là de l'opportunité de l'offre [1] qui me fut faite
d'un superbe faucon en calcaire compacte, de grandeur naturelle [2],
immédiatement retenu pour nos collections et dont la publication est

---

1. Le vendeur était M. Maurice Nahman qui a déjà procuré au Louvre le beau cynocéphale en
calcaire d'une époque non postérieure au premier empire thébain et la palette archaïque en schiste
ardoiseux.

2. Hauteur : 0^m,486 y compris le socle et 0^m,426 sans le socle; longueur : 0^m,460; largeur :
0^m,190; hauteur de la figure royale : 0^m,170.

aujourd'hui le meilleur des prétextes pour revenir sur une question qu'on pouvait croire complètement vidée, celle de la détermination exacte de l'oiseau d'Horus (voir planche I).

Ce faucon est représenté debout, les deux pieds sur la même ligne et on est tout d'abord frappé de son aspect trapu et massif, d'autant plus sensible que l'oiseau ne dépasse pas, par sa hauteur, la grandeur naturelle, et que ses parties considérées séparément semblent appartenir à un oiseau de taille beaucoup plus grande. Nous reviendrons tout à l'heure sur le caractère très intentionnel de cette disproportion. La poitrine large, bombée et ramassée, repose pour ainsi dire directement, c'est-à-dire sans interposition de l'épigastre, sur les cuisses habillées d'un plumage épais ; les tarses très courts, mais très épais, s'attachent à des pieds démesurés. La grosseur du cou, la convexité du dos, la rondeur de l'épaule et enfin le plein de la matière, conservé entre la partie postérieure des pieds et la queue, selon une convention à peu près constante dans les Horus-oiseaux en pierre, sont autant de traits contribuant à cet effet de majestueuse lourdeur. Fréquemment, par une recherche en quelque sorte calligraphique, les pieds, au lieu de s'arc-bouter d'arrière en avant, s'infléchissent obliquement en arrière pour dégager la silhouette : on ne voit rien de semblable dans notre monument où, au contraire, toutes les caractéristiques du genre *falco* ont été plutôt accentuées qu'atténuées. Tel n'est pourtant pas le bec, épais et très court, arrondi dessus, mais où les deux dents de la mandibule supérieure, caractéristiques du genre, ne sont que faiblement marquées[1]. D'ailleurs, tous les détails anatomiques de la bouche et de l'entourage du bec sont extrêmement simplifiés. Les longues rémiges des ailes se croisent en ciseaux (fig. I) sur la queue et y affleurent à l'extrémité des pennes extérieures. Tous ces détails, comme nous le verrons plus loin, ont leur importance.

Étant donné le soin manifeste qui a présidé à l'exécution, on

---

1. La dent du côté gauche est plus accentuée.

s'attendrait à trouver trace, soit en gravure, soit tout au moins en couleurs, mais en pareil cas d'une manière très effacée, du trait par lequel est dessiné le plumage, et aussi la peau réticulée des tarses et des doigts : il n'en est rien et cette circonstance ajoutée aux observations que nous venons de faire relativement au bec, nous conduit à nous demander si la pierre, qui n'a reçu qu'un très léger poli, n'avait

pas été, suivant un usage trop connu pour qu'il soit nécessaire d'insister, habillée d'un placage d'or sur lequel tous les détails en question étaient soit gravés après coup, soit exécutés au repoussé. Le monument ne porte, il faut bien le dire, aucune trace de ce placage ; bien plus, les yeux et leur entourage y sont profondément champlevés comme pour recevoir une incrustation en pierre dure polie, d'un type habituel dans la sculpture où l'orfèvrerie ne joue aucun rôle.

Au-dessus de la tête, dans la partie même qui correspond au vertex, est entaillée une mortaise rectangulaire de peu de profondeur. Là devait s'engager le tenon qui maintenait le pschent,

Fig. 1. — Revers du faucon du Louvre.

aujourd'hui manquant, dont était coiffé l'oiseau-dieu. Du volume du tenon il est facile d'induire que ce diadème était également en pierre, car s'il avait été en métal, le tenon l'eût été aussi, et eût exigé une mortaise à la fois plus profonde et plus mince.

Un Horus de cette dimension, en une assez belle matière, intact dans les parties essentielles, car les mutilations se bornent à un éclat dans le haut de l'aile gauche et à quelques parties rongées peu profondément n'altérant en rien la silhouette, constitue déjà une bonne pièce de musée. A ces avantages s'ajoute une particu-

larité intéressante. Debout, logé entre les deux pieds du faucon
comme en une niche, se tient un roi coiffé de la couffiye *nems,* l'uræus
au front, habillé d'une longue tunique le drapant jusqu'aux chevilles
(fig. 2 et 3). Les deux bras retombent sur le devant, les deux mains
à plat sur les cuisses, dans une des attitudes rituelles de l'adoration.

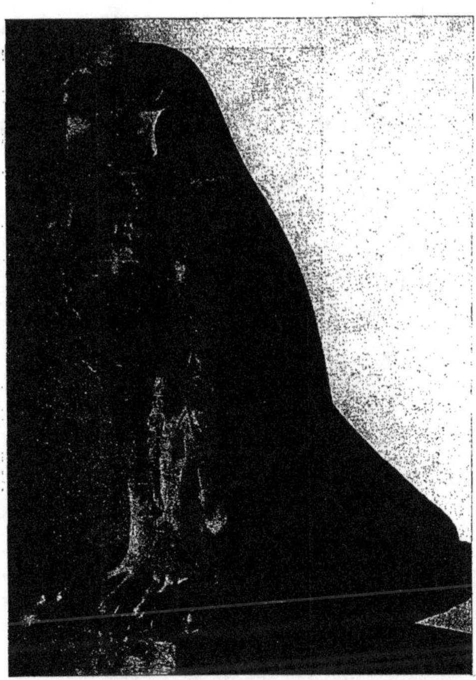

Fig. 2. — Le faucon du Louvre, vu de trois quarts.

Les pieds alignés se trouvent en quelque sorte encastrés dans le vide étroit et triangulaire formé par les serres énormes de l'oiseau divin. Ce roi, dont l'image est dénuée de toute inscription, est-il facilement reconnaissable ? Le style et la technique nous invitent à nous tourner vers la période saïto-persane, mais qui est précisément celle dont l'iconographie royale est le plus imparfaitement établie. On dispose pourtant dès maintenant d'éléments suffisants pour dresser un répertoire de ce genre, mais ils sont dispersés en tous lieux, et la tâche en a toujours paru si longue et si ardue qu'elle n'a jusqu'à présent tenté aucun égyptologue. Faute d'un pareil répertoire, je me borne à faire observer que le visage du personnage royal offre un type suffisamment caractérisé — malgré la mutilation du nez — pour permettre un rapprochement avec d'autres figures, notamment avec ·celle qui faisait emploi de modèle de sculpteur et qui a été cataloguée par M. C.-C. Edgar sous le n° 33337 au musée du Caire[1].

L'action protectrice exercée par un animal divin est un des thèmes habituels de la sculpture religieuse. Le plus ordinairement le personnage protégé est un roi ; mais nous possédons des exemples où il est simplement un personnage de haut rang. Pour m'en tenir à des monuments en quelque sorte classiques, je me borne à citer les *sphinx* de Gerf Houséîn protégeant Ramsès II, les *criosphinx* et les *béliers* de Karnak et de Soleb[2], protégeant Aménôthès III, la *vache Hâthor* et Thoutmôsis III, le groupe bien connu, trouvé en 1906 par Ed. Naville ; le même animal groupé avec un certain Petesomtous (Caire n° 641), puis avec un Psammétique qui n'est pas à confondre avec un des rois de ce nom (id. n° 1020), puis avec le couple Pibiankh et Oërtemhab du musée de Leyde[3]. G. Foucart[4] nous rappelle qu'à l'Aménophium le *chacal* joue le même rôle avec Aménôthès III. Nous devons à la cachette de Karnak la statue d'un premier prophète d'Amon,

Fic. 3. — Détail de la statuette du roi.

Ramsesnakhtou, qui a pour patron le *cynocéphale* Thot, grimpé sur ses épaules et lui apposant les mains sur le haut de la tête[5]. Le singe Thot a, du reste, inspiré au sculpteur du Nouvel Empire

1. *Sculptors' Studies* par M. C.-C. Edgar, pl. X, dans le *Catalogue général* du musée du Caire. Voir aussi la photographie de M. E. Brugsch. Ces lignes étaient écrites, quand j'eus l'heureux hasard de voir, à Berlin, la statue fragmentaire (inédite) de Nectanébo II (n° 1205 du musée), dans laquelle j'ai cru retrouver le prototype du modèle de sculpteur en question et du même coup la réplique de notre effigie royale qui me paraît ainsi identifiée.

2. D'où provient l'exemplaire du musée de Berlin (n° 7262).

3. Leemans, *Monuments égyptiens*, I, pl. XXII, n° 261 *a*.

4. *La Méthode comparative dans l'Histoire des Religions*, p. 48 (note).

5. Maspero, *Guide du Musée du Caire* n° 561.

des thèmes qui sortent de la formule ordinaire : j'aurai, je l'espère,
occasion de revenir sur ce sujet. On a trouvé à Karnak un très joli
groupe représentant le *serpent* Miritsekhro [1], la déesse thébaine
des morts, émergeant d'un bouquet de papyrus à longues tiges
et se dressant comme pour exercer l'action protectrice sur le roi
Aménôthès II, œuvre dont l'agencement rentre exactement dans la
donnée suivie pour la vache Hâthor de Deir el-Bahari, qui s'avance
aussi hors des papyrus ; bien mieux, dans les deux cas, la coiffure
solaire de la divinité forme un bloc orné sur les côtés par le sommet
des tiges et l'épanouissement des ombelles.

Des dieux-oiseaux, il est incontestable que c'est le *faucon* qui
monopolise presque ce rôle. Notre groupe a son similaire presque
de même taille et de même type au musée du Caire [2] et, pour ne pas
multiplier les exemples, je m'arrêterai au plus curieux à tous égards,
à savoir le faucon couché, autrement dit accroupi dans la position
momifiée, découvert par Quibell au milieu de la chapelle centrale
du temple d'Hiéraconpolis [3] et que ce savant nous fait connaître dans
son état primitif, car on sait qu'il n'en reste que l'admirable débris
consistant en cette tête d'oiseau diadémée dont il va être ici même plus
longuement question. Or, cet état primitif comprenait une statuette
royale placée debout immédiatement sous le bec de l'oiseau sacré.

*
* *

C'est sans grande surprise, je pense, qu'on a pu voir dans les

1. Maspero, ibid., n° 330.

2. Entrée n° 33262. Trouvé en 1899 par M. Loret à Mît Rahînèh, au Tell el-Qala'ah ; haut de
0^m,50, plus sur la tête une proéminence de 0^m,04 placée en diagonale, destinée à s'encastrer dans
une coiffure divine. Daressy qui m'envoie le renseignement ajoute que ce faucon lui paraît devoir
être daté de l'époque des Nectanébo, ce qui s'accorde avec la date donnée à notre monument par la
statue n° 1205 de Berlin.

3. Dans une sorte de puits peu profond, recouvert d'une dalle. La description de la trou-
vaille est dans *Hiérakonpolis* (*Egyptian Research Account.*, t. V) part II, p. 27, § 67. Le
groupe est reproduit au trait pl. XLVII. Il était en cuivre de mince épaisseur (la tête de l'oiseau
divin était seule en or) et reposait sur une sorte de socle creux en poterie rouge dans l'intérieur
duquel était un vase ; le groupe était assujetti au moyen d'une hampe également en cuivre qui tra-
versait le socle, descendait jusqu'au fond du vase. Quibell suppose que cette frêle enveloppe de métal
était clouée sur un noyau de bois, entièrement détruit sans laisser de traces.

pages qui précèdent l'appellation de *faucon* délibérément substituée
à celle d'épervier. Déjà Bissing[1] s'appuyant sur l'autorité du professeur Koenig avait, en 1898, rejeté l'identification de Champollion,
généralement acceptée jusqu'alors grâce à la traduction scolaire, uni-
versellement répandue de ἱεραξ = *accipiter* = épervier, *sparviere, sperber,
kawk* ou *sparrow-kawk*. Mais c'est surtout depuis la lecture faite par
V. Loret, au Congrès de Hambourg[2], qu'un courant d'opinion s'est
formé contre l'interprétation classique et du nom et de la chose et la
conviction s'est faite que l'oiseau d'Horus n'est en aucune manière
l'épervier commun, le petit oiseau de proie que les ornithologistes
appellent *daedalion fringillarius, accipiter nisus, falco nisus etc.*

Toute théorie nouvelle, même la mieux justifiée, rencontre des
contradicteurs. Une erreur ne s'abolit jamais d'un seul coup: on
dirait même qu'elle tend à s'enraciner d'autant plus en certains
esprits qu'elle n'a plus aucune prise en d'autres. Il arrive aussi
qu'une vérité perd du terrain quand les arguments qu'on a employés
à la défendre ne portent pas tous le même degré d'évidence. C'est
un peu ce qui est arrivé à la thèse de V. Loret. Résumons-la en
quelques lignes.

1. Les représentations coloriées de l'oiseau d'Horus ne peuvent
se rapporter qu'au *falco peregrinus*. Cela ressort non seulement des
formes et de la silhouette de l'image, mais de la coloration très particulière du plumage et, pour mieux convaincre, l'auteur compare
un Horus dessiné et peint de la manière la plus détaillée dans une
tombe royale thébaine (celle de Ramsès IX) avec un faucon d'Égypte
préparé au Muséum d'histoire naturelle. — 2. On sait que le milan,
oiseau des plus communs en Égypte, se livre à des larcins qui font

---

1. *Les origines de l'Égypte dans l'Anthropologie*, IX, p. 410.

2. *Horus-le-Faucon*, étude lue au XIII* Congrès des Orientalistes de Hambourg en 1902, tirage à
part du tome III du *Bulletin de l'Institut français d'Archéologie orientale*, avec 2 pl. coloriées par
M. F. Guilmant. M. V. Loret cite MM. Koenig, professeur à l'Université de Bonn, et de Bissing,
aujourd'hui professeur à l'Université de Munich, comme ses précurseurs dans la question. Dans
la *Faune momifiée* (*Catalogue général du musée du Caire*, p. 47), Gaillard et Daressy citent aussi
comme dissident Wilkinson qui retrouvait dans l'oiseau d'Horus le hobereau (*falco subbuteo*).

le désespoir des ménagères. Le papyrus Ebers contient une formule destinée à les combattre. Dans cette formule, on invoque Horus l'Oiseau pour l'inciter à mettre le voleur à la raison. Cela se comprend du faucon, mais difficilement de l'épervier à peine gros comme la moitié d'un milan. — 3. Le nom de l'oiseau d'Horus ⳡⳡ, *bâk, bâouk* est à rapprocher du copte ⲃⲏϭ, ⲃⲏⲭ qui rend le ἱεραξ des Septante; à ce mot correspond l'arabe باز, بازي, *baz, bazi,* appliqué au faucon pèlerin en particulier sous la forme صقر الباز, *saqr el-baz.* On trouve, de plus, une autre appellation du même oiseau, حرّ, *horr,* sous la forme simple ou composée avec le mot *saqr* et qui appelle un rapprochement avec l'égyptien ⳡⳡ, *horou.*

Il faut ici s'en tenir à ce qui se rapporte à la nature de l'oiseau et négliger les conséquences historiques que V. Loret en tire au point de vue des origines du dieu qu'il représente et de la race conquérante qui l'introduisit en Égypte. On acceptera, comme on l'entendra, cette argumentation, on contestera, si l'on veut, le rapport phonétique supposé entre ⲃⲏϭ et l'arabe باز[1], on pourra produire un texte[2] où ce mot est traduit par l'arabe باشق, *bâcheiq,* dont Savigny fait précisément l'épervier commun, on ne ramènera pas la question à son point de départ c'est-à-dire à l'interprétation pure et simple de Champollion.

Les arguments philologiques, il faut bien le reconnaître, n'ont pas une très grande force, car qu'il s'agisse du grec ἱεραξ, ou du copte ⲃⲏϭ ou ⲃⲏⲭ, on voit que ces mots désignent indifféremment suivant les textes le faucon pèlerin ou l'épervier commun. Quant à l'arabe *baz* c'est sur l'unique et tout moderne témoignage de Savigny qui l'a emprunté aux arabes du lac Menzalèh, que nous le voyons attribué au faucon. Il ne faut pas rechercher dans les langues anciennes la rigueur des nomenclatures de la science moderne. Le même Savigny n'estime-t-il pas qu'Aristote applique le nom de ἱεραξ à la fois au buzard, à la harpye, à l'autour et à l'épervier commun, et

---

1. Amélineau, *Prolégomènes,* p. 2o3.
2. Ibid., p. 2o6.

qu'Élien l'applique aussi bien au faucon, qu'à l'autour et à la harpye.
Ces appellations n'ont pas plus de valeur que les noms de la géo-
graphie homérique tels que Inde, Éthiopie, qui ont conservé le même
sens vague pendant toute l'antiquité et ont donné lieu à de singu-
lières méprises de la part des Alexandrins[1]. Les Grecs n'avaient
qu'un mot pour désigner l'épervier, le faucon, l'autour, et d'une
manière générale très peu de mots pour les oiseaux de proie ; quant
au latin *accipiter*, son extension était encore plus large puisqu'il
désignait ordinairement pour les Latins tous les rapaces diurnes
autres que les vautours et les aigles, au point de devenir le terme
générique s'appliquant à tous les oiseaux de proie[2].

La solution du problème me paraît être purement archéologique.
C'est dans l'étude des représentations qu'il convient de se cantonner,
étude des plus instructives, car le document ne fait pas défaut.
Aucun animal n'a été représenté d'une manière aussi fréquente que
l'oiseau d'Horus, en ronde bosse, en bas-relief, en peinture. Il occupe
une grande place dans la sculpture religieuse proprement dite et
dans l'écriture hiéroglyphique ; il a été mis en amulettes et traité
avec un soin minutieux par l'orfèvre, le bijoutier. Sa tête a même
une existence propre et elle est le thème auquel on revient toujours
pour décorer une infinité d'ustensiles d'un caractère plus ou moins
religieux, depuis le brûle-encens des temples jusqu'aux poteaux des
barques funéraires et aux bras de la rame-gouvernail ; elle sert
pareillement de pièce de montage et d'agrafe à une série de colliers
de perles, parures d'origine royale, reproduits avec persistance dans
les sarcophages du Moyen Empire.

Cette priorité sur les autres représentations animales est encore
plus accusée, si l'on se transporte à l'époque lointaine des dynasties

1. La plus digne d'être retenue est celle dont fut victime Alexandre lui-même qui, se trouvant sur
les bords de l'Indus, se crut sur ceux du Nil.

2. *Falco* n'apparaît que dans la basse latinité. Freund et Forcellini ne citent pour ce mot que
Firmicus (4ᵉ siècle de J.-C.), Servius et Sidoine Apollinaire (5ᵉ siècle), Festus (6ᵉ). C'est à ces
auteurs que Suidas a emprunté son φάλκων. Chatelain cite en plus Isidore de Séville (7ᵉ).

thinites. Non seulement Kôm el-Ahmar, l'ancienne Hiéraconpolis, qui avait pour dieu un Horus-oiseau, mais encore la butte d'Oum el-Ga'ab qui recouvre le cimetière des rois thinites, à côté d'Abydos, nous documentent de façon inespérée et nous permettent de prendre la question presque à ses origines. Nous y voyons apparaître une forme primitive de l'oiseau-chasseur, antérieure au type qui s'est perpétué. Elle figure sur la palette bien connue du roi Narmer

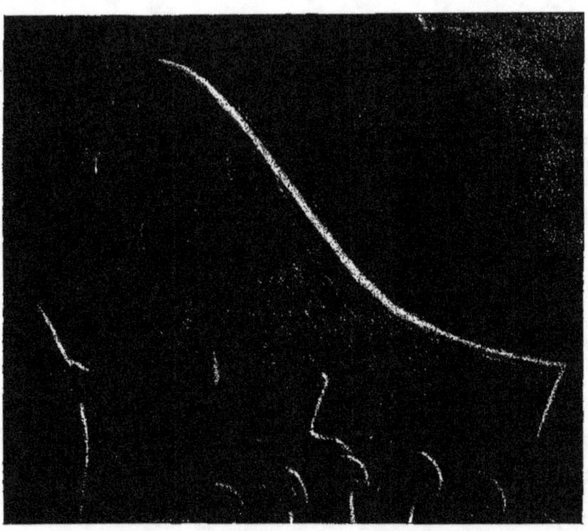

Fig. 4. — Palette du roi Narmer.

(fig. 4) et l'on serait tenté de douter de son identité, si d'autres objets de même provenance et, qui plus est, du même règne, ne portaient la même figure et précisément dans le rôle qui appartient en propre à l'oiseau d'Horus, c'est-à-dire dominant le rectangle dans lequel est inscrit le *nom d'Horus* de ce roi. Les particularités les plus saillantes de cette représentation sont les suivantes : l'oiseau n'est pas complètement dressé sur ses pieds, la tête relevée, le bec haut, la queue traînante, dans l'attitude perchée qui est celle du type que nous appellerons classique; il a, au contraire, le corps incliné, le bec dirigé vers sa proie, la pointe des ailes et la queue

relevées au-dessus du niveau des pieds, dans une allure qui rappelle
celle de la marche chez les oiseaux de proie et qui n'a pas la noblesse
de l'autre attitude. Sa tête diffère sensiblement de celle du type classique : le bec s'y profile dans le prolongement continu du front; la convexité très prononcée du crâne et l'absence des signes de l'œil ● sont
encore plus caractéristiques. Enfin, l'oiseau pose le plus ordinairement sur une ligne incurvée ⌣, soit qu'il surmonte la hampe d'une
enseigne, soit qu'il figure sur l'encadrement du nom d'Horus.
Ajoutons que les objets de quelque nature que ce soit, sur lesquels
on le trouve, sont estampillés des noms des rois *Aha* et *Narmer* [1], que
tout un faisceau de probabilités, sinon de preuves, sérieusement
discutées par Petrie et Sethe, placent en tête de la liste thinite.
L'oiseau de la palette d'Hiéraconpolis, représenté de la manière
la plus détaillée, nous fait constater, à côté de caractères communs
à tous les rapaces diurnes, certains traits qui appartiennent en
propre aux falconidés, la tête massive, la poitrine bombée, le cou
attaché lourdement aux épaules, les tarses courts et trapus, les
rémiges aussi longues que les plumes de la queue.

Dès qu'on passe aux autres rois thinites, apparaît presque sans
transition un très notable changement. L'allure marchante y fait
place à l'attitude posée. Les deux pieds sont alors nettement dégagés
du corps et on voit au-dessus des tarses les cuisses habillées d'un
plumage très fourni, formant ces espèces de braies schématisées de
façon très géométrique [2] qui sont peut-être ce qu'il y a de plus
caractéristique et de plus tranché dans le tracé hiéroglyphique des
oiseaux de proie. L'acumen des ailes se sépare très nettement de
la queue. Considéré sous la forme graphique tel qu'il est incisé sur

---

1. Cette forme de l'oiseau d'Horus ne pouvait manquer de fournir un élément précieux de clas-
sement pour la chronologie des rois de la période thinite. Qu'on adopte l'ordre Narmer-Aha de
Petrie, ou l'ordre Aha-Narmer de Sethe, il est difficile de faire de Narmer le Boëthos (2ᵉ dyn.)
de Foucart et de Naville en tenant compte du fait que tous les noms royaux de la nécropole de
Oum el-Ga'ab, à l'exception des deux précédents, portent l'oiseau d'Horus sous sa forme plus ou
moins classique.

2. Ce caractère et le suivant apparaissent plus ou moins légèrement marqués dans les Horus du
roi Aha. Petrie, *Royal Tombs*, II, pl. 3.

des fragments de pierre ou d'ivoire, il nous montre, en plus des caractères ci-dessus indiqués, à hauteur de la nuque, une sorte de

Fig. 5.

capuchon (fig. 5) qui n'aurait pas pris place dans un dessin aussi sommaire, si cela n'avait pas été une particularité marquante de l'oiseau envisagé. Dans la stèle du « Roi Serpent », la ligne inférieure de ce capuchon se confond avec le tracé de l'épaule[1], mais tout semble indiquer que, dans son état primitif, alors que la stèle était revêtue des couleurs dont quelques traces sont encore visibles, le triangle ainsi formé était accusé par un ton plus foncé. La photographie, révélatrice, comme il arrive souvent, d'effets que le temps a atténués jusqu'à l'effacement le plus complet en apparence, confirme, dans le cas qui nous occupe, cette opinion. Un fragment de stèle en calcaire, exposé au musée du Caire, et portant le nom d'Horus du roi Zer (fig. 6) montre également ce

Fig. 6[2].

capuchon. Il est encore très nettement marqué sur l'hiéroglyphe

Fig. 7.

du nom (fig. 7) dans la stèle de Rānkaou (Vᵉ dynastie)[2]. Ainsi l'oiseau qu'on avait en vue présentait, par rapport au falconidé de Narmer et de Aha, cette particularité d'avoir à la nuque une tache triangulaire ne recouvrant pas la partie occipitale de la tête. Il y a plus, l'oiseau de la stèle du Roi-Serpent porte au delà de l'angle buccal un appendice prenant racine immédiatement au-dessous de l'œil et formant une pointe légèrement arrondie. Cet appendice est incisé dans toute sa

1. *Monuments et Mémoires*, XII, 1905, pl. 1.

2. Maspero, *Guide*, n° 91. Cette figure au trait et toutes celles qui suivent sont des décalques de croquis que j'ai relevés au musée du Caire.

superficie d'un quadrillage en losanges. On serait tenté tout d'abord
d'y voir une membrane ou une partie dénudée dans le voisinage
de l'œil, comme chez certains rapaces. Dans la stèle fragmentaire
de Zer (voir la fig. 6), l'objet en question a plus de développement
et, par sa forme plus ronde et plus élargie, présente un caractère
un peu plus archaïque[1] ; mais on y voit apparaître un détail qui
fait défaut à l'Horus du Roi-Serpent. Dans la région postoculaire
s'étale de haut en bas un signe en forme de croissant, complètement indépendant de l'œil et de l'appendice vertical que j'appellerai
suboculaire. Peut-être l'objet
ainsi représenté était-il simplement tracé au pinceau
sur l'oiseau de Zā, car il
faut bien admettre que tout
le détail du plumage dans
une figure aussi soignée et
à si grande échelle était
peint. Cette manière de voir
est d'autant plus vraisemblable que le *graffitto* incisé
sur un fragment de vase
estampillé du même nom

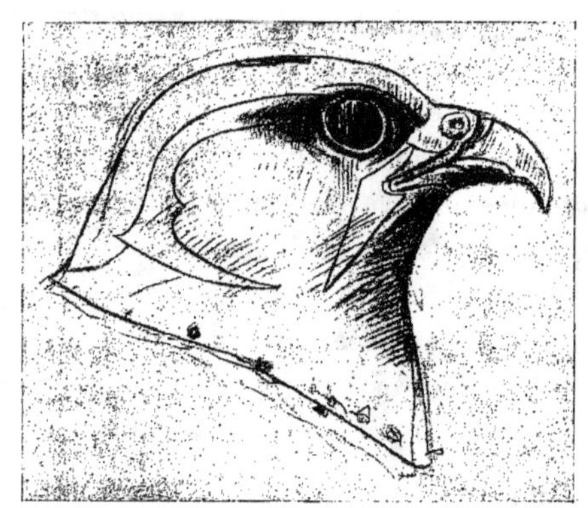

Fig. 8[2].

royal (fig. 5) accuse nettement le tracé du croissant postoculaire.

Examinons maintenant la tête de l'oiseau sacré d'Hiéraconpolis
(fig. 8). Les détails sont ici rendus avec une recherche d'exactitude des
plus remarquables. Et d'abord, le bec y est sensiblement plus long
que dans les exemples précédents ; la dent latérale s'y accuse nettement en sa place médiane. L'ouverture de la bouche se prolonge
presque sous l'œil. La cire qui en ourle le bord, les narines qui s'ou-

---

1. Petrie suivi par Sethe place Zer immédiatement avant Zā (le Roi-Serpent) pour des raisons
tirées de la similitude des tombes, de leur emplacement respectif et du caractère archéologique des
objets. A remarquer que, dans le fameux bracelet du roi Zer, les Horus ont la forme marchante.

2. D'après l'original au musée du Caire.

vrent dans cette même membrane jaune sont reproduites avec une
précision qui donne toute sa valeur aux particularités que nous allons
noter, à savoir : que le suboculaire, ici très oblique, prend naissance
autour de l'angle buccal et se termine en pointe très aiguë et que le
postoculaire, tracé avec hardiesse, s'il diffère sensiblement par sa
forme en accolade du croissant timidement gravé de l'oiseau de
Zer, présente au moins avec lui ce trait commun, qu'il est complètement indépendant du suboculaire. Cette simple particularité
est un signe d'archaïsme non
équivoque et suffit, à mon
sens, pour éviter toute confu-
sion d'époque avec les statues
en cuivre de Pépi Ier et de
son fils trouvées dans une
chambre voisine. Or, si une
tête d'oiseau peut difficilement
passer pour celle de l'épervier commun, c'est bien celle-
là. Le type faucon y est au
contraire rendu avec un ac-
cent de réalisme très saisis-
sant. Nul doute que les signes

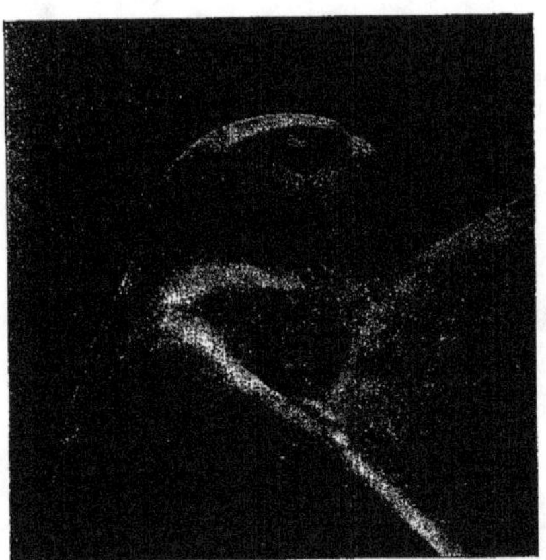

Fig. 9. — Statue du roi Chéphren (détail).

sub et postoculaires ne représentent rien de plus que ces taches
très caractéristiques du plumage du faucon, et qui apparaissent
plus ou moins marquées dans tous les spécimens possédés par le
Museum d'Histoire naturelle de Paris ; on peut aller jusqu'à dire
qu'il n'y a même pas dans ce dernier exemple ce qu'on entend par
stylisation. Le rendu reste très individuel et reproduit une particularité directement observée sur un oiseau et non sur tous[1].

Je viens d'avoir l'occasion, au musée de Berlin, d'examiner de
près les noms d'Horus qui encadrent la porte de la chambre de

____

1. La moustache, tel est le nom que les ornithologistes donnent à cette tache du plumage, varie
beaucoup de forme et de dimensions d'un faucon à l'autre.

la pyramide de Zosir. Une grande partie de cet encadrement a été refait par un restaurateur moderne, comme on en est d'ailleurs averti par le diagramme de H. Schaefer dans les *Aegypt. Inschriften* (t. I, p. i) : mais, dans le montant de gauche, la main ancienne est encore apparente et, en combinant les éléments subsistants de deux des Horus suffisamment conservés, on en arrive aux constatations suivantes : *bec long* (analogue au bec de l'oiseau d'Hiéraconpolis) ; *suboculaire* très large à sa racine, au-dessous de l'œil, et très semblable à celui de l'Horus de la stèle du Roi Serpent (*Monuments et Mémoires,* XII, pl. I) ; aucune trace du *postoculaire.* Ce sont là des signes manifestes d'antiquité et difficiles à concilier avec l'hypothèse d'une restauration d'époque saïte[1].

La statue en diorite du roi Chéphren nous met en présence d'un oiseau assez différent (fig. 9). Les caractéristiques sub et postoculaires y manquent et le bec, gros mais très court, semble appartenir à une tout autre espèce. Cependant l'aspect massif de la tête attachée par un cou épais et court, n'est guère favorable à l'hypothèse de l'épervier, oiseau plus léger, plus finement découplé que le faucon. Enfin, ce cas ne saurait être résolu indépendamment des autres, car il est peu vraisemblable que l'Horus protecteur du roi Chéphren, pour des raisons qui nous échapperaient complètement, ait été un épervier si tous les autres Horus royaux étaient des faucons ou un faucon s'ils étaient des éperviers. Cette remarque doit porter d'autant plus que c'est précisément ce type d'oiseau au bec crochu, mais très court, armé ou non de la dent à la mandibule supérieure et non l'oiseau d'Hiéraconpolis au bec très long et très aigu qui a fait fortune et qui se fixe tout d'abord dans les hiéroglyphes de la plus belle époque de l'art et de l'écriture memphite (v^e dynastie) et devient

---

1. C'est par un véritable abus de langage que l'on a dit de l'art saïtique qu'il était *archaïsant.* L'art saïte, en réaction contre la formule thébaine du Nouvel Empire, va chercher ses modèles au plus beau de la période classique, c'est-à-dire en pleine Ve Dynastie. Il est donc le produit d'une véritable Renaissance artistique. La tendance archaïsante eût consisté par exemple à pasticher le style très savoureux et très caractéristique de l'époque de Meîdoûm, ce qui n'est pas le cas.

l'anaglyphe hiératiquement stylisé qui subsistera pendant plusieurs millénaires dans l'art et l'écriture hiéroglyphique.

Le type ainsi créé révèle à l'analyse les caractères suivants :

1° La tête arrondie, quand elle n'est pas surmontée d'un diadème, tend à s'aplatir outre mesure dans les bas-reliefs, surtout aux époques ptolémaïque et romaine et principalement quand elle est adaptée à un corps humain[1] — ce qui est le cas non seulement du dieu Horus sous la plupart de ses formes, mais de plusieurs autres divinités.

2° Le bec, très large à sa base, est généralement conique dans presque toute sa longueur, puis brusquement devient crochu tout en restant court. La dent y fait souvent défaut (fig. 10) et dans maints bas-reliefs du meilleur style (temple de Séti Ier, à Abydos), y est même réduite à sa plus simple expression, c'est-à-dire à une ondulation à peine perceptible du rebord de la

Fig. 10[2].

mandibule supérieure. La cire et la narine sont également très simplifiées ; la narine est même souvent absente.

3° L'œil, dans les monuments de la bonne époque, a le larmier nettement marqué et la jonction des deux paupières forme du côté interne un angle aigu (fig. 10 et 11), tandis que le côté opposé est rond ; dans les monuments de très basse époque, il arrive souvent que l'œil soit entièrement rond.

Fig. 11[3].

4° L'appendice suboculaire est constamment joint avec le postoculaire et ils forment ensemble un ornement unique qui contourne la demi-circonférence inférieure de l'œil[4] ; de plus, le haut du suboculaire forme à l'extérieur une échancrure dans laquelle s'engage l'angle buccal (fig. 11). Cette échancrure a fini par

1. Parce que, en pareil cas, à la tête vient s'additionner une perruque qui en augmente sensiblement la superficie.

2. D'après un faucon en basalte du musée du Caire (sans numéro).

3. D'après un bronze incrusté d'or. Caire, n° 1331.

4. Des exemples aussi éloignés du type habituel que celui de la fig. 12 ne sont guère à chercher que dans les objets en céramique où règne une certaine liberté décorative.

se déformer (fig. 12) et il en est résulté un signe ꟼ qui figure également comme un des éléments constitutifs de l'œil, *ouza,* ; car ces deux objets ont même origine[1]. Le postoculaire s'arrondit avec plus ou moins de hardiesse (fig. 13), et sa pointe se rapproche parfois de celle du suboculaire au point de former une courbe à peu près fermée, tandis que son rebord supérieur se découpe en dents de scie plus ou moins inclinées dans la direction

Fig. 12[2].

de l'œil (fig. 14, 15 et 16). Dans les monuments peints, cette partie est le plus souvent rehaussée de rouge, comme l'a observé Loret, tandis que le reste est peint en noir. Ajoutons que cet appendice sub et postoculaire est la partie de l'image d'Horus-oiseau qui subit le plus de variations. Il ne peut donc s'agir un seul instant d'un organe, mais d'une tache du plumage, restée, sous le ciseau ou le pinceau, comme dans la nature, un véritable thème ornemental.

Fig. 13[3].

5° Le capuchon contourne très exactement le bord extérieur du postoculaire. Dans les divinités hiéracocéphales coiffées de la perruque, c'est le bord intérieur de la perruque qui décrit ce contour.

Fig. 14[4].

6° L'aile donne lieu aux remarques suivantes : à sa partie supérieure, l'épaule tantôt s'arrondit (comme dans notre monument), tantôt forme un angle presque aigu et se rattache graphiquement au bord inférieur du capuchon (fig. 17 et 18). Un procédé tachygraphique du dessinateur passé dans le bas-relief arrive à les confondre en une seule et même ligne (fig. 7). Les rémiges de chaque aile

Fig. 15[5].

---

1. Cf. les yeux de la tête de vache trouvée dans la tombe d'Aménôthès II. *Catalogue général du musée du Caire, Fouilles de la Vallée des Rois* par Daressy, pl. XXXIV, n° 24630.

2. Bronze gravé sans incrustation. Caire, étiquette portant la mention H. E. 10.

3 et 4. Bouts de collier, terre émaillée bleue, Moyen Empire. — La figure 14 est le n° 873 du *Guide* de Maspero.

5. Petit Horus en basalte (sans numéro).

prennent la forme de deux lames légèrement arrondies à l'intérieur
et se croisent en ciseaux sur la queue (fig. 1). | Dans la figure

anaglyphique qui reproduit l'oiseau de profil, cette
disposition disparaît et les rémiges se confondent en
un appendice aigu qui se détache nettement de la
queue.

Fig. 16[1].

7° En ronde bosse, la queue très légèrement arrondie en éventail
ne dépasse jamais la ligne du sol, c'est-à-dire le rebord du socle,
où son extrémité (détail très important) se trouve re-
jointe par celle des deux ailes. Dans l'anaglyphe et le
dessin, la queue, tout en se dissociant de la pointe de
l'aile (le profil n'en révèle qu'une), ne dépasse jamais
la ligne du sol quand l'oiseau est posé sur une surface
horizontale continue, et ne la dépasse que modérément

Fig. 17[2].

lorsqu'il est représenté posé sur une surface moins grande que son
corps, comme dans certaines combinaisons scrip-
turales bien connues des égyptologues (fig. 18).
Mais, en pareil cas, s'il lui arrive d'excéder
la longueur de l'aile, ce n'est que faiblement et
d'une manière insignifiante (fig. 19).

8° L'interprétation des pieds conserve le
même caractère de fidélité avec la nature : cuisses
disparaissant dans un habillage de plumes qui

Fig. 18[3].

retombe en pointe en arrière et arrive, sous son aspect le plus sché-
matisé, à former un losange ; tarses généralement plus courts que
les cuisses et trapus ; doigt médian plus long que le tarse ; doigt
externe un peu plus long que l'interne, comme dans la nature ; rugo-
sités de la peau rendues par un quadrillage dessiné ou gravé (les
deux derniers caractères n'apparaissent que sur les monuments les

1. Petit Horus en schiste, Entrée 37895.
2. Tiré du nom d'Horus de Thoutmôsis Ier, *Guide* n° 303.
3. Tiré du grand poids de Taharqa. *Catalogue général* (*Weights and Balances* by Mr A. E.
P. Weigall), n° 31652.

plus soignés); dans la plupart des cas, l'inégalité des doigts laté-
raux est complètement négligée et les tarses, autant
que les quatre doigts, ne portent aucune trace
de travail au burin. Dans l'anaglyphe et l'écriture, il est habituel de profiler très obliquement .
d'avant en arrière la ligne extérieure de la cuisse ;

Fig. 19[1].

ce qui est une façon d'accentuer la tendance qu'a cet oiseau de
proie de porter en avant la tête et le haut du corps.

C'est une opinion généralement reçue que les Égyptiens appor-
taient dans la représentation des animaux un scrupule d'exactitude
poussé bien au delà des limites atteintes dans la représentation de la
figure humaine. Dégagés de ce côté du conventionalisme traditionnel,
ils auraient donné libre carrière à leur esprit d'observation et exprimé
avec une si grande vérité les particularités propres à chaque famille
et dans chaque famille à chaque genre et à chaque espèce, que la
zoologie leur serait redevable de documents d'une valeur inestimable.
Aller à l'encontre de cette opinion serait courir droit au para-
doxe. Il faut bien dire toutefois que, si les Égyptiens ont été des
animaliers de premier ordre, ils ont été avant tout des artistes et
nullement des dessinateurs d'histoire naturelle. Et d'abord il importe
d'établir une distinction entre les animaux domestiques, quadrupèdes
et oiseaux dont la vue leur était tout à fait familière et qu'ils ont rendus
avec un très haut degré d'exactitude [2] et la faune sauvage qu'ils ont
interprétée avec plus de liberté. Les personnes qui se sont exercées
dans l'identification des oiseaux de l'écriture hiéroglyphique et surtout
des poissons qui sont le complément indispensable des scènes de
pêche et de navigation, savent à quelles difficultés on se heurte,
le genre une fois reconnu et facilement reconnu, pour déterminer

1. Tiré d'un linteau de porte portant le protocole d'Amenemhat Ier, calcaire.
2. Outre l'exactitude du rendu, leur sens de la précision se traduit dans les légendes qui accom-
pagnent ces figures d'animaux. La nomenclature en est constante ; les mêmes noms restent attachés
aux mêmes images.

l'espèce. La position presque invariable que le dessinateur assigne
à chacun de ses animaux, le tracé constant de la silhouette, suffiraient,
à défaut d'autres preuves, à nous montrer que les Égyptiens ne tra-
vaillaient pas d'après nature, mais qu'ils faisaient emploi de modèles,
nous disons aujourd'hui de cartons, établis d'une manière tradition-
nelle et d'après certains principes fixes. C'est seulement dans la limite
de ces principes et de cette tradition que leur esprit d'observation pouvait s'exercer. Ils perfectionnaient dans le détail le type reçu, sans rien
déranger à l'ensemble, de même qu'ils se relâchaient facilement du
souci de la précision dans le détail, quand l'image reproduite restait,
dans les lignes générales, tout à fait conforme au modèle traditionnel.

Parmi les animaux qui peuplent leurs représentations, il en est
quelques-uns, pour le rendu desquels la recherche, l'effort artistique individuel ont été encore plus effacés et, au contraire, la subor-
dination à la règle encore plus prononcée. Ce sont les animaux
sacrés, les animaux-dieux. On comprend sans peine que leur type
ait été arrêté de bonne heure et qu'il aurait cessé de répondre à l'idée
qu'on s'en faisait, non moins qu'aux règles édictées par la religion
la plus formaliste et au caractère si profondément superstitieux
des croyances, s'il s'était modifié selon le caprice ou même le génie
des artistes. Et ceci nous ramène à cette grande division de l'art
égyptien en laïque et en hiératique qui nous apparaît encore ici.
Je reviendrai quelque jour sur le double mode de rendu qui existe
dans les représentations d'animaux que nous connaissons à la fois
sous la forme laïque et sous la forme hiératique, tels que le crocodile,
l'hippopotame, le bélier, etc. Nous n'avons à envisager, pour la thèse
qui nous occupe, que les animaux qui n'existent dans l'art égyptien
que sous la forme hiératique et je m'en tiendrai aux deux exemples
les plus topiques : le faucon et le chacal. Leur cas est à peu près le
même. Nous connaissons deux formes de l'animal d'Anubis, l'une
accroupie, la queue pendante, l'autre passante. Ed. Meyer [1] voit dans

---

1. *Zeitschrift f. Ae. S.*, Band 41, 1904, pp. 97-107.

l'une Anubis, dieu spécial du xviie nome (Cynopolites) de la Haute
Égypte, fondu de bonne heure avec le chien *Khontamenti* vénéré dans
toute l'Égypte comme dieu des morts et dans l'autre, *Upuaut,* le loup
de Sioût (Lycopolis), tout en reconnaissant que les deux animaux
divins sont représentés par un seul et même canidé de couleur noire,
ce qui ne convient ni au loup ni même au chien d'Égypte[1]. Sa thèse
me paraît juste, mais avec cette réserve que l'animal dans lequel il
voit un loup est, en réalité, malgré la dénomination grecque, un véri-.
table chacal[2]. Il en a les principaux caractères, le museau très effilé,
l'œil dont le contour est prolongé par un trait qui existe, sous forme
de tache noire ou noirâtre, en travers de la tempe chez le chacal
d'Égypte (et qui a donné naissance à l'œil mystique d'Osiris), la
queue fuselée et traînante. Il est fort possible que son type, devenu
franchement héraldique, tant ses caractères sont exagérés, ait été
influencé par le chien ; d'où cet allongement efflanqué et cet étran-
glement de la région du bassin plus marqués chez le lévrier d'Égypte
que chez le chacal. Je crois même volontiers que les deux canidés
représentés tout à l'origine, d'une manière plus ou moins distincte,
se sont rapidement fondus en un seul. Cette fusion s'est opérée dans
l'écriture hiéroglyphique, dont les commencements se confondent de la
façon la plus étroite avec les commencements du dessin et qui a été
le véritable creuset dans lequel se sont formées et déformées tout un
monde d'images et plus particulièrement celles des divinités et des
emblèmes divins. Toutes ces figures, que nous les considérions
sous forme d'hiéroglyphes ou d'anaglyphes, sont ce que j'appellerais
des *graphismes*. Les objets qu'ils représentent ont été souvent si
complètement déformés que les Égyptiens eux-mêmes ne pouvaient

---

1. La couleur noire est attribuée aux deux canidés en leur qualité de divinités Chthoniennes.
Cf. les images d'Osiris momiformes également peintes en noir.

2. Il en est, en effet, du mot λύκος comme du mot ἱεραξ : c'est un terme susceptible de revêtir un
sens tout à fait générique. C'est ainsi que λαγώς s'applique aussi bien au lapin qu'au lièvre. Le
nom spécial du chacal, θώς, est d'un emploi restreint qui ne correspond pas à la place importante
qu'occupait le chacal dans la faune de l'Afrique septentrionale. Ne voit-on pas encore aujourd'hui
les Arabes désigner par *nimr* tous les grands félins sans exception ?

4

plus les reconnaître. Pour en revenir à l'animal de Cynopolis et de Lycopolis, on doit reconnaître qu'il constitue une représentation hybride, mais où domine de la façon la plus manifeste le chacal.

Il en est de même du faucon. La *Faune momifiée de l'Ancienne Égypte* de Lortet et Gaillard[1] nous apprend que les Égyptiens vénéraient la presque totalité des rapaces diurnes de leur région. On y voit défiler deux espèces de milans, plusieurs autres falconidés appartenant à des genres éloignés du *falco* proprement dit, tels que le *pernis apivorus*, l'*aelanus caeruleus*, l'*haliaetus albicillus*, l'aigle pyrargue, trois espèces de buses dont les momies abondent presque autant que celles des milans, le Jean-le-blanc, l'aigle, la crécerelle, l'épervier, le buzard, le balbuzard et bien entendu le faucon, à l'exclusion pourtant (simple effet du hasard) du faucon pèlerin. Si l'on considère d'autre part que l'oiseau d'Horus apparaît comme le fétiche d'un grand nombre de sanctuaires, indépendamment même de son rôle dans la nomenclature des nomes de l'Égypte, qu'il est donné tantôt comme l'oiseau de la royauté du Sud, tantôt comme celui de la royauté du Nord, qu'il y en avait à ce compte au moins deux principaux, indépendamment des secondaires, on est naturellement porté à se demander si, dans ces deux cas, et même dans la totalité des cas, c'est bien le même faucon pèlerin qui est en jeu. Ne serait-il pas plus vraisemblable d'admettre[2] que les autres rapaces ou tout au moins la plupart de ces oiseaux jouissaient, à l'origine, chacun en particulier, de la prérogative d'un culte et d'un sanctuaire mais que le faucon pèlerin, l'oiseau Horus du Sud, d'Hiéraconpolis, ayant partagé la fortune de ses rois, aurait absorbé dans la suite les autres oiseaux devenus, à son image, des Horus? Je ne veux pas examiner la question au point de vue mythologique et donner ainsi à ce travail une étendue et une portée exagérées ; mais je ne puis passer sous silence

---

1. Voir aussi Gaillard et Daressy, op. cit.

2. Gaillard et Daressy (p. 49) expriment le même scrupule mais avec cette restriction que l'oiseau d'Horus serait le type généralisé de plusieurs des subdivisions spécifiques du genre *falco*.

que le prétendu épervier servait à représenter non seulement Horus et tous ses succédanés, mais encore des dieux tels que Râ, Soqaris, Sopdou, etc. Il y a, en outre, un passage de Strabon dont on paraît s'être assez peu occupé, mais qui cependant nous montre qu'un sanctuaire célèbre, celui de Philae, avait comme oiseau sacré un faucon d'une espèce particulière[1]. Il différait de ses congénères par sa grande taille et la richesse de son plumage ; son lieu d'origine était l'Éthiopie et c'est là que l'on se procurait le nouveau fétiche quand l'ancien venait à mourir.

En définitive, tout porte à croire que nous avons affaire, comme dans le cas du chacal, à un oiseau hybride, résultant de l'absorption (dans le creuset de l'écriture hiéroglyphique) d'autres falconidés par le faucon pèlerin dont les principales caractéristiques, c'est-à-dire les accessoires de l'œil, le capuchon, les ailes croisées en ciseaux et de même longueur que la queue, auraient été conservés comme les véritables signes de la divinité de l'oiseau[2]. C'est ainsi qu'on s'expliquerait les infractions les plus

Fig. 20.

1. Strabon, XVII, p. 818 : ὅπου καὶ ὄρνειον τιμᾶται, ὃ καλοῦσι μὲν ἱέρακα, οὐδὲν δὲ ὅμοιον ἔμοιγε ἐφαίνετο ἔχειν τοῖς παρ᾽ἡμῖν καὶ ἐν Αἰγύπτῳ ἱέραξιν, ἀλλὰ καὶ τῷ μεγέθει μεῖζον ἦν καὶ τῇ ποικιλίᾳ πολὺ ἐξηλλαγμένον. Αἰθιοπικὸν δ᾽ἔφασαν εἶναι, κάκεῖθεν κομίζεσθαι, ὅταν ἐκλίπῃ καὶ πρότερον· καὶ δὴ καὶ τότε ἐδείχθη ἡμῖν πρὸς ἐκλείψει ὃν διὰ νόσον.
2. Cf. les marques spéciales du taureau Apis.

ordinaires au type *faucon* proprement dit : le bec très réduit et sans
dent, les tarses parfois trop longs et les doigts trop courts, etc. On
aurait ainsi créé un type d'oiseau héroïque, aux membres forts et
superbement disproportionnés, à la contenance fière, qui est à peu
près au faucon de la nature ce qu'est l'aigle romaine à l'*aquila fulva*
de l'ornithologie et, ajouterai-je, avec au moins autant de diversité
dans la manière d'interpréter les traits constitutifs du type, comme
on a pu s'en rendre compte par les exemples figurés, et contraire-
ment à l'immutabilité canonique qu'on est disposé à chercher en tout
idéogramme. C'est la seule réserve qu'il me paraît possible d'admettre
à l'opinion de Bissing et de Loret. On voit combien nous avons été
conduits loin de l'*épervier*, l'un des rapaces diurnes les plus dissem-
blables du faucon pèlerin, comme il est facile de s'en rendre compte
par la figure 20[1]. Nulle description, nul raisonnement ne pourraient
faire ressortir avec une pareille évidence à quel point l'un des
types est irréductible à l'autre et, si on les rapproche de l'Horus
égyptien, vu de face et surtout de dos (fig. 1), aucune hésitation n'est
permise pour décider lequel des deux réunit le plus de traits communs avec l'image antique et lequel en diffère par des traits tout à fait
essentiels. Si, malgré ces dissemblances, il n'y a pas lieu d'exclure
ce dernier des oiseaux vénérés des anciens Égyptiens, il faut bien
reconnaître qu'il a été si complètement absorbé qu'il n'a plus aucune
existence individuelle et que sa trace est complètement perdue dans le
type de l'oiseau sacré et, puisqu'un nom générique s'impose pour
désigner, comme le grec ἱέραξ, tous les Horus oiseaux, le seul légitime
est celui de faucon et non celui d'épervier.

GEORGES BÉNÉDITE.

1. D'après une photographie prise au Muséum d'Histoire naturelle (collect. Marmottan) : à
gauche un épervier commun, à droite un faucon pèlerin des régions méditerranéennes. J'eusse
préféré ne faire figurer ici que des spécimens provenant d'Égypte même ; mais la concession à
l'esprit d'exactitude n'eût été qu'apparente. Il n'est pas paradoxal de prétendre que le faucon
pèlerin ici représenté est plus conforme au type générique de l'Horus que l'oiseau rapporté
par le commandant Jaurès, et qui est l'unique spécimen de provenance égyptienne possédé par le
Muséum.

FONDATION EUGÈNE PIOT

MONUMENTS ET MÉMOIRES

PUBLIÉS PAR L'ACADÉMIE DES INSCRIPTIONS ET BELLES-LETTRES

SOUS LA DIRECTION

de **MM. Georges PERROT** et **Robert de LASTEYRIE**, membres de l'Institut.

Avec le concours de **M. Paul JAMOT**, secrétaire de la rédaction.

PUBLICATION DE GRAND LUXE

Illustrée de nombreux clichés dans le texte et de planches en héliogravure, héliochromie et chromolithographie.

Prix de souscription : Paris, **40** fr. ; Départements, **42** fr. ; Étranger, **44** fr.

www.ingramcontent.com/pod-product-compliance
Lightning Source LLC
Chambersburg PA
CBHW060045090726
47597CB00012B/2565